L'ANTI-EMILE,

OU

PRECIS SIMPLE

D'UNE ÉDUCATION SOLIDE.

Damnosa quid non imminuit dies ?
Horat.

PAR M. L'ABBÉ C***.

A LYON,

De l'Imprimerie d'AIMÉ DELAROCHE,
aux Halles de la Grenette.

M. DCC. LXII.

AVEC PERMISSION.

L'ANTI-EMILE,

OU

PRÉCIS SIMPLE

D'UNE EDUCATION SOLIDE.

RESPECTER l'enfance de l'Homme, veiller attentive-ment sur ses premiers pas, lui dicter dès-le berceau des maxi-mes pour l'esprit & pour le cœur, verser dans son lait nourricier le miel de l'humanité & le sel de la religion, abus, préjugé d'origine, (dit le Plutarque moderne) c'étoit l'an-cienne méthode. Que la nature telle qu'elle fut toujours, & telle qu'elle est encore aujourd'hui, cette mere si sage, si intelligente, fasse seule tous les frais de l'éducation, qu'elle perfectionne elle-même son ouvrage; que l'homme sourd à toute autre voix qu'à la sienne, vole im-pétueusement sur les ailes bruyantes des paffions, *tout eft fait*, *tout eft bien*, le Réformateur célebre a prononcé, confeils, imitation, zele, émulation, gratitude, heroïfme, crainte filiale, induftrie, Providence paternelle, affection, follicitude amicale, fageffe d'un Mentor vous n'êtes que des mots, ou tout au plus des filets qui animez & faites jouer des fantômes; vous n'entrerez déformais dans le plan d'une nouvelle éducation que comme préjugés qui tirannifez l'homme & qui lui ôtez la refpiration & la vie; le cifeau moderne vous tranche. Unité de caracteres, identité d'éducation, néceffité de paffions, pleine liberté de tout penfer, de tout dire & de tout faire; voilà le catéchifme à la mode, voilà l'efprit d'un fyftême qui va, on ne fauroit mieux, avec celui de l'égalité des conditions.

Le fyftême a-t-il pris, prendra-t-il ? Les hommes feront-ils donc ainfi que les brutes deftinés à fe former dans des haras ! Sont-ce là les leçons d'une Philofophie qui devoit faire rougir nos peres ? O force éternelle, fécouez pour un inftant les tombeaux de nos premiers Maîtres, dans l'art facré de former

l'être raisonnable ! Leurs manes of-
ficieux seroient-ils indifférents sur la
destinée de ces jeunes plantes qui
doivent perpétuer l'espece de l'homme & de l'honnête homme ? Non,
ils veillent encore sur la culture des
arbrisseaux plantés dans les champs
de l'Etat, pour rapporter un jour
des fruits à la Religion, à la Patrie,
& à la Société. Et n'est-ce pas pour
leur nourriture, n'est-ce pas pour
leur accroissement que ces premiers
Mentors ont laissé dans mille écrits
une manne préparée dont se nour-
riront toujours les grands Rois, les
bons Peuples, & les Héros Chrétiens? Ils parleront ces Anges tuté-
laires du monde entier, qui n'ont
rien eu plus à cœur que de nous
assurer un fond de la plus saine &
de la plus noble éducation ; ils s'in-
quiettent constamment des moyens
de transmettre à la Postérité ce précieux dépôt qui doit être sacré à la
nouveauté, à la passion, au préjugé,
à l'ignorance, au fanatisme ; causes
trop ordinaires de nos crimes & de
nos malheurs.

Que le temps dévore l'acier, mais
qu'il respecte des Ouvrages, qui en
assurant l'empire des Lettres fondent

à perpétuité celui des Vertus. Les Fenelon, les Bossuet, les Rollin, les Crouzas, & tant d'autres, qui ont tracé des plans d'éducation, vivront au delà des temps ; ils parleront à la postérité, ces Hommes, & tels que des fleuves qui trop enflés pour être contenus dans un espace étroit s'échappent pour porter au loin la joie, l'abondance, & la vie ; de même ces génies trop vastes, trop lumineux, & trop riches pour eux seuls, se communiqueront & se reproduiront, en répandant sur tous les êtres intellectuels, quelques étincelles d'un superflu dont pétillent leurs Ouvrages, autant de sources abondantes où l'on puisera des richesses immenses, & pour l'esprit & pour le cœur.

Ouvrons les yeux, voyons les briller ces Astres faits pour nous conduire dans la route la plus assurée. Qu'ils me parlent Sciences, qu'ils me parlent Mœurs, je les écoute, & j'avance hardiment, parce que rien ne m'est suspect de leur part ; parce qu'ils me parlent dans le sein de ma Patrie ; parce que dans ce qu'ils me proposent je ne vois rien que de grand, rien que de

Ab his antiquis non ab his voluptuariis petenda.
Cic. Tusc.

magnifique, rien qui ne réponde,
qui ne pare à mes besoins les plus
pressants ; parce que dans leur plan
tout est analogue à la belle humanité ; parce qu'enfin tout y mene à la
religion d'honnête homme, au bien
de l'Etat, & au mieux être de la
société.

S'ils me parlent esprit, en par-
tant après eux du principe que les
belles connoissances sont un bien,
j'en sens bientôt les avantages, &
j'en découvre la solidité dans une
relation démontrée nécessaire avec
cette science unique qui fait le Philosophe Chrétien ; ils me suggérent
des conséquences, en me rappro-
chant doucement des besoins d'un
cœur dont le desir aussi violent qu'il
est infini, semble s'irriter des secours
insuffisants que l'esprit veut lui fournir & se fatiguer d'une étude bornée
telles que sont celles où se porte l'esprit humain. Je sens près d'eux, & j'a-
voue à l'instant qu'il faut nécessaire-
ment à ce cœur immense, à ce cœur August
inquiet, des objets faits pour lui ; il Confeff.
les cherche, il les retrouve, il trouve
un Etre suprême, il trouve des Hommes semblables à lui ; la Loi parle
& commande.

Adore un Dieu, sois juste & ché-
ris ta Patrie : Voilà tout l'Homme
& l'Homme doué de toutes les
sciences. Du centre de cette triple
nécessité je m'essaie, je parcours sans
danger des espaces immenses, je
me promene dans l'infini, je dévore
tout ce qui se présente ; Langues,
Sciences sacrées, Sciences profanes,
tout rit à mes recherches ; le poison
même me devient un antidote salu-
taire. Ah ! c'est pour lors que tout
est bien ! parce que tout concourt
à me tenir dans l'ordre, à m'instruire
sur mes obligations à l'égard de
Dieu, à l'égard de moi-même, &
à l'égard des autres hommes.

Telle est la route que la Sagesse
prescrit à l'esprit humain, telle est
celle qu'ont toujours tenue & que
nous recommandent les Maîtres
du secret de l'Art social & de la
Philosophie Chrétienne.

Apprendre que l'on est Homme,
s'avouer tel devant Dieu ; se prouver
à soi-même que l'on est Homme ;
agir en Homme avec tous les autres
Hommes ; respecter en soi, en eux,
le caractere de l'Humanité ; c'est tout
à la fois & ce que nous apprenons
à l'Ecole de l'Heroïsme Chrétien,

& ce qui fait l'augufte enfemble des hautes Sciences qui donnent un Fils refpectueux & reconnoiffant, un Epoux fidele, un Citoyen aimable, un zélé Patriote, un Ami vrai, un Commerçant affuré, un Magiftrat integre, un Roi pere de la Patrie, un Savant & un Philofophe Chrétien.

Le plan eft brillant, dira l'Oracle moderne, mais l'exécution en eft-elle poffible ? Très-poffible, fi l'on fuit nos premiers modeles : que l'on l'ef-faie, on le remplira, on verra bien-tôt de jeunes Télémaques courir à pas de géant dans les fentiers de la Juftice ; on verra nos jeunes gens hommes avant d'être enfants.

J'avance toujours après ces guides parfaits ; s'ils me parlent les premiers éléments des connoiffances humai-nes les plus abftraites, après qu'ils en ont arraché les épines pour ne m'en laiffer que le fruit, ils me les font envifager fous un point de vue fi net, fi précis ; ils me les donnent fur un ton fi fimple & fi familier ; ils me les préfentent fous une for-me fi gracieufe que je les goûte ; ils me deviennent naturels, & pour ainfi dire innés.

Si je les fuis dans la carriere des

Homo fum & humani à me nihil alienum puto.
Terent.
1.

plus hautes sciences, c'est toujours d'un pas intrépide, parce qu'ils m'offrent les objets tels qu'ils les voient eux-mêmes, c'est-à-dire, sous toutes les faces possibles ; c'est qu'ils me montrent du doigt le côté le plus naturel & le plus analogue à la maniere de concevoir & de saisir les réalités & la possibilité dans les Etres. C'est constamment, invariablement, infailliblement, du beau, du sentiment, du vrai sous des images naïves & intéressantes ; c'est toujours du magnifique sous le coloris le plus lumineux.

J'apperçois, & je sens des vérités que je sais discuter : celles que je ne puis qu'entrevoir, loin de les fronder, parce qu'elles étonnent ma raison, c'est cette raison que je querelle, que je retranche dans son impuissance, en tirant d'elle un juste aveu, que s'il est des choses à sa portée, il en est infiniment plus qui la passent. Enfin, je lui impose silence, & j'adore ce que je ne puis comprendre, laissant la présomptueuse liberté de tout concevoir à l'altiere Philosophie, qui tentera toujours en vain de placer l'infini dans le plus borné de tous les Etres.

Je finis près de ces Maîtres excel-
lents par apprendre à me rapprocher
si intimement de moi-même, que
je me connoisse; & que de cette
connoissance je tire la connoissance
d'un Etre auquel je dois le mien;
& celle des êtres si semblables au mien
que je les prends pour moi-même.
Durant ce travail le cœur me dicte
mes obligations, la loi parle, je
prends ma place dans ce monde, je ne gêne point autrui, &
je ne suis point gêné. Je me plais
sous le compas bienfaisant d'une
Providence qui me subordonne à
des Rois, à leurs Ministres; je prends
le parti de chérir ma situation &
de m'y fixer comme dans la plus assurée; je ne risque point une bru-
tale incertitude. Je vis en homme
content, & je meurs encore plus
satisfait de pouvoir me dire que je
me suis maintenu dans l'ordre &
vis-à-vis de Dieu, vis-à-vis de moi-
même, & vis-à-vis des autres; heureux d'avoir paru comme l'éclair
dans ce monde, & plus heureux
d'y avoir rempli dignement le rôle
de cet être que l'on décompose,
que l'on bigarre, que l'on défigure,
que l'on matérialise, parce que

l'orgueil & la passion défendent que l'on le mette à sa juste estimation.

Adore un Dieu, sois juste, & chéris ta Patrie, l'Esprit l'a dit & l'a bientôt dit; mais de cette nécessité reconnue passe-t-on si-tôt à la pratique des devoirs qu'impose cette loi? C'est au Philosophe Chrétien d'éclaircir le mystere; c'est à lui de parler ici & d'agir: il sait adorer Dieu, il sait le croire & le reconnoître pour un Etre suprême, indépendant, éternel, tout-puissant, provident, miséricordieux, mais juste en même temps; il n'appartient qu'à lui de l'honorer d'un culte en esprit, d'un culte légitime. Ce culte est-il défini? Est-il révélé? Est-il ordonné? Est-il caractérisé? Fut-il toujours voulu? Est-il confirmé? Par qui & comment? Mon Mentor trouve toutes ces solutions dans les Décrets adorables d'une Sagesse éternelle, & dans le Dogme d'une tradition sacrée; il s'y conforme.

Voilà le vrai Dieu, Philosophe orgueilleux, adore-le.

Sois juste. C'est au Philosophe Chrétien d'apprécier cette justice, d'en produire des actes réfléchis, d'abord pour lui-même , en avouant de bonne foi son impuissance, sa foiblesse , son ignorance , en modérant ses passions , en chérissant jusqu'au mot de Vertu ; & pour les autres , en leur procurant tous les secours spirituels & temporels dont il se trouve bien lui-même , en ne leur faisant aucun tort, sur-tout dans ces biens du cœur dont la possession rend l'ame si sage , si tranquille & si heureuse.

Voilà la Justice , Philosophe orgueilleux , pratique-la.

Chéris ta Patrie. C'est ici le chef-d'œuvre du Héros Chrétien qui se resserre volontairement par des liens qui l'attachent à des Chefs , à des Parents , à des Amis , à tous ses Concitoyens , qui partage avec eux le joug de l'obéissance, qui exhorte le foible , rappelle le lâche, qui soutient le courageux , pleure avec le malheureux , combat avec le Soldat, se gêne avec le Citoyen pour fournir au Trésor sacré d'où découlent tous les biens, & pour la Religion & pour l'Etat.

Voilà la Patrie , Philosophe fugitif , choisis-la. Le voilà ce cercle au delà duquel l'homme , fût-il un

Oracle, n'est aux yeux du Sage qu'un petit être égaré. Voilà l'éducation éternelle & la Loi bien entendue ; Loi douce, mais si pressante en même temps, qu'elle oblige tout homme, à tout âge, & partout ; Loi qui par conséquent ne peut-être transgressée ni ignorée impunément ; elle est faite, elle est publiée.

Hoc est
omnis
homo.

Cette Loi si sacrée est la regle éternelle,
Les Peuples & les Rois ne peuvent rien
contre elle.

Compas sacré sous lequel on n'est pas étouffé, ainsi que l'écrit un moderne : l'esprit raisonnable, le cœur droit, l'honnête homme, loin de s'y trouver terre à terre, prend de là un libre essor qui l'éleve & le rapproche d'une destinée qui le met autant au dessus des Philosophes modernes, qu'il est lui-même au dessus des animaux irraisonnables.

Telles sont les bornes que se sont toujours prescrites les vrais Héros de l'empire des Lettres, & malheur à quiconque veut les forcer. Ces sages limites reconnues, on est forcé de conclure qu'il est des principes constants d'un vrai beau, d'un beau essentiel, d'un beau universel que l'esprit cherche, que le sentiment réclame, & que la Philosophie Chrétienne a fixé.

Tel est le mystere de l'éducation que l'Auteur de ce Précis développe succintement dans un Ouvrage qu'il prépare au Public sous le titre, *l'Esprit de la Philosophie Chrétienne*, dans lequel il convient avec l'homme que rien n'est si digne de lui que la recherche de la vérité, & qu'il est né pour elle ; mais il lui fait comprendre aussi que sa corruption lui fait prendre le change dans la recherche de cette vérité ; que comme il hait naturellement tout ce qui le condamne, il n'aime que les connoissances spéculatives qui n'engagent à rien ; qu'il ferme les yeux à une lumiere qui lui prescriroit des devoirs ; qu'il est sourd à la voix qui tonne au fond du cœur, pour courir après mille connoissances stériles qui flattent sa vanité sans parler à sa conscience ; que de tant de penibles, mais frivoles recherches, il ne lui reviendra rien qu'un juste & piquant remord d'avoir préféré la gloire de paroître bel esprit au soin de devenir meilleur ;

que s'il se prête à cette réflexion, il renoncera bientôt à toutes ces découvertes supposées précieuses; qu'il n'interrogera plus les Savants du siecle; qu'il n'ira qu'à l'école de ce Divin, de ce Souverain Maître qui dicte des leçons de salut : Science seule nécessaire & toujours plus aisée que les Sciences humaines; Science qui n'est point le fruit de l'imagination, mais le fruit de la mortification des passions; Science dans laquelle on devient plus habile dans un moment par un sentiment d'humilité, que par tous les soins, les veilles, & les études les plus opiniâtres & les plus dispendieuses; Science qui n'éclaire l'esprit que pour échauffer le cœur; Science qui des affections passe dans les mœurs, pour nous former à cette perfection qui fait le terme de toute félicité. La Science, ajoute-t-il, n'a rien de mauvais, il peut être utile d'être savant; mais il est nécessaire d'être homme de bien : c'est donc, conclut-il, une derniere folie de chercher à briller un instant par de belles connoissances, & de s'égarer éternellement par des œuvres dangereuses, qui ne sont que trop

souvent celles d'un Philosophe orgueilleux & d'un prétendu bel esprit. Tout son Ouvrage divisé en
leçons assez courtes pour être lues
sans fatigue & sans dégoût, ne
tend qu'à former de bonne heure,
& le plutôt qu'il est possible, l'Homme à la recherche & à la pratique
de la Vertu.

L'Homme ne vit pas long-temps,
mais dès qu'il existe il vit déjà d'une
vie du cœur, il faut donc à ce
cœur un aliment tout prêt, sans
quoi il se dessèche, il périt; il fait
des pertes considérables qu'il faut
réparer continuellement Le réta-
blira-t-on par le régime d'une diete
que conseille le nouvel Esculape de
l'Homme, dans un siecle sur-tout
où le cœur a plus besoin que jamais
d'une forte nourriture ? La Philosophie moderne lui a fabriqué de
la drogue apprêtée, les levres charnelles la goûtent, mais le cœur la
rejette comme un aliment qui le
surcharge ; s'il a le malheur de s'en
nourrir, la convulsion, les agitations, le désordre des passions lui
font bientôt sentir qu'il s'est nourri
d'un poison mortel qui le tuera, s'il
ne recourt à une manne substantielle.

Que l'on me demande après cela quand il eft à propos de nourrir le cœur de l'Homme ? C'eft me demander quand il faut donner à manger à quelqu'un qui a faim ? Nourriſſez le à tout âge, dès-l'âge le plus tendre ce cœur qui fera toujours dans des criſes & hors de lui-même, ſi vous ne lui parlez juſtice & droiture, ſi vous ne le rappellez à des vérités ſolides pour leſquelles il eſt né. Du ſein de la nourrice, le foible enfant oſe fixer le Ciel, & ſa timide paupiere, loin de ſe fermer alors, ſe prête aux rayons de cet Aſtre ſi bienfaiſant :

Os homini ſublime dedit , cælumque intueri juſſit.

Ovid.

Si les yeux foibles & délicats ne ſont point bleſſés de cette lumiere univerſelle, l'ame de ce tendre Adoleſcent la ſeroit-elle des impreſſions du beau dont on veut la frapper dès les premieres années d'une vie trop fugitive, dont le terme touche pour ainſi dire au principe ?

A quel âge, encore une fois, doit-on éclairer cette petite ame qui veut voir ? Sera-ce à ſept ans, à dix,

à quinze? Lucrece auroit bientôt
tranché la difficulté; mais fans doute
que le Philofophe moderne, par un
refte de fcrupule, de bon fens, ne glif-
fera pas fur la queftion la plus intéref-
fante. Il s'agit ici d'un premier pas à
faire vers le bonheur ou vers le malheur, d'un pas duquel dépend un
tout ou rien. Il s'agit d'affurer à l'humanité, des Rois, des Peuples
choifis, des Citoyens, des Enfants,
des Amis, des Soldats, des Héros;
de fixer des Vertus, des récompen-
fes, des châtiments, un avenir; il
s'agit de fe procurer mille avantages qui ont exifté, puifque des
Sages les ont goûtés, & puifque le
vrai Philofophe les defire encore
aujourd'hui; des biens qui ne font
ni imaginaires, ni préjugés, ni pieu-
fes rêveries de nos Peres, & l'idée
que l'on en a ne les rend-elle pas
néceffaires?

A quel âge, parlez Mentors
modernes, le Pupile de l'humanité
eft-il propre à les goûter? Vous ne
dites mot, & je vais parler d'après
le Divin Politique, d'après le Tu-
teur Eternel JESUS-CHRIST. Que
l'Homme jouiffe de fa légitime fpi-
rituelle dès le berceau; qu'il voie le

beau , qu'il entende la Loi , qu'il
sente la Justice , *Nate , aspice Cœlum*
qu'il prépare les voies du Souverain
Maître , *Parate vias Domini ,* &
que pour cette préparation il aille dès
la pointe du jour à l'ouvrage. Sur
le midi de l'âge le poids des passions
est trop fatigant , il accable , on
court risque de s'endormir , de se
trouver le soir sans travail & sans
récompense. Oui , Mentor Chrétien,
c'est dès la tendre enfance qu'il faut
tourner , manier , tailler cette jeune
plante , la couvrir dès son aurore
du bouclier des Vertus , contre les
orages & les vents impétueux qui
agitent cette mer orageuse , *Quærite*
. . . . . . dùm inveniri potest ; c'est
de bonne heure qu'il faut la tourner vers cette céleste Lumiere qui
éclaire tout Homme à son entrée
en ce monde , *Quæ illuminat om-*
nem hominem venientem in hunc
mundum. L'Oracle Divin a parlé ,
tais-toi Philosophie cruelle ; parce
que tes enfants seront aveuglés ,
faut-il que les nôtres suivent tes
routes insensées ? Nous ne te de-
mandons point l'aile audacieuse de
cet imprudent de la Fable qui fut
précipité du Ciel. Le timide Aiglon

Icare.

dans le trou du roc, fixe déjà sans
danger le vol hardi de sa tendre
nourriciere ; ne semble-t-il pas qu'il
mesure la route qu'il doit tenir
pour s'approcher du séjour du ton-
nerre. O guides trompeurs ! ne con-
duisez pas l'Homme : si vous vous
êtes égarés ne l'égarez point, ne lui
voilez pas la colonne fidelle qui le
conduira sûrement dans la terre pro-
mise, à travers les horreurs du dé-
sert ; sans vous la plus tendre enfance saura lever les yeux vers le
Ciel : l'Astre qui y brille a des rayons
propres à l'éclairer sans la blesser ;
elle verra les Cieux, pourra y lire
peut - être plus distinctement que
vous, & en parler avec plus de
connoissance, *Ex ore infantium &*
lactentium perfecisti laudem, & quoi-
que cette petite créature encore no-
vice dans l'art de raisonner ne puisse
vous rendre compte de ce qu'elle
voit & de ce qu'elle sent, ne con-
cluez pas qu'elle n'apperçoit rien,
qu'elle ne sent rien, qu'elle ne sait
rien ; son cœur raisonne avec l'Auteur de toutes les Sciences. Athée,
consultez-le ce cœur, il vous tirera
vous-même du préjugé, il vous dira
que l'Enfant a déjà le bénéfice d'une

simple intelligence; qu'il a peut-être une vue plus distincte de quelques grandes vérités qu'un savant orgueilleux qui voit, mais qui ne voit que lui-même; qui connoît, mais qui n'adore point, comme il convient, ce qu'il connoît, & ce travail lui est facile parce qu'il n'est point encore embarrassé dans les entraves des passions charnelles, *Non ex sanguinibus neque ex voluntate carnis.*

Barbares Pilotes, laissez, laissez cotoyer le rivage à cette barque légere qu'un zéphyr bienfaisant éloigne d'une mer orageuse, & qu'elle conduit dès-le crépuscule du jour vers le Ciel, *Sinite pueros venire ad me :* respectez en eux l'empreinte toute fraîche de la Divinité : la main dont ils sortent les soutient encore; leur premier soupir est pur, il s'élance vers l'Océan de justice dont il est sorti ; ne l'infectez point, c'est le tribut qu'exige un Dieu jaloux qui n'a pas cru le trop payer d'un Sang qu'il a répandu pour tous les Hommes. Grands, petits, jeunes & vieux, faites-le valoir, vous y avez droit. Que l'impie se scandalise, qu'il frémisse, Dieu ne s'est fait Homme que pour parler aux Hommes ; Enfant que pour parler aux Enfants, que pour les éclairer, les intérefler, les gagner, & fes délices, depuis l'époque mémorable de la Rédemption, font d'être avec les enfants des Hommes : *Deliciæ meæ effe cùm filiis Hominum.*

Non, Philofophes frivoles, vos leçons loin de nous faire rougir ne prendront point par-tout ; rougiflez vous-mêmes de vous voir fans replique, fi je vous plaçois vis-à-vis d'un Enfant qui poflede fon Catéchifme. Volez, fi vous le pouvez, au delà du limon dont nous fommes tous pêtris, vous ne ferez point admis avec eux à l'école des Enfants du Ciel, vous périrez dans les flots d'un déluge d'erreurs, tandis que l'innocente Colombe fortira du berceau du monde pour contempler le Ciel, pour le ravir, & pour nous préfager dans une poftérité plus heureufe la fin de vos impiétés & de nos malheurs. En attendant cette réfurrection précieufe, nos Enfants fe tiendront dans l'Arche fainte près du Bon Pafteur qui vous en exclut, parce que vous vous en excluez vous-mêmes ; parce que vous n'avez pas connu le temps de sa visite, *Tenebræ eam non comprehenderunt :* parce que vous ne priez pas que son regne arrive dans vos cœurs & que sa volonté se fasse ; parce que vous rougiriez d'apporter à ses leçons cette docilité, cette humilité qui caractérisent les Enfants de l'Eglise, & sans laquelle on est trop élevé pour passer par la voie étroite ? parce que vous aimez mieux ces voies larges, ces fuyans tortueux dont les issues mennent à l'erreur & à la mort, *Novissima ejus ducunt ad mortem.*

Est-ce là votre Morale, Philosophes Chrétiens ? Ai-je tort de la débiter ? Non, assurez donc mon plan, vous Peres des Peuples, les dignes Tuteurs de la Postérité, vous qui présents à tous les siecles leur assurez tous les avantages, tous les biens possibles ; vous qui par vos lumieres aussi pures que par vos délibérations les plus justes, semblez moins des Codes vivants de la Loi que des Interpretes fideles de la volonté Suprême ; vous enfin qui êtes les dépositaires de l'autorité de nos Rois, & qui n'en usez que pour leur gloire, pour celle de la Religion, pour le progrès

des

Les Parlements de France.

des Arts, pour le foutien de l'Etat
& pour la félicité des Peuples ; c'eft
fous vos aufpices qu'un Mentor, zélé
pour l'éducation de la jeuneffe, voudroit paroître. Il demande votre
nom refpectable à la tête d'un tout
qui appartient effentiellement à chacun de vous en particulier. C'eft
fous le nom de Colbert que la fageffe fit goûter à Louis XIV le fyftême d'un parfait gouvernement; c'eft
fous celui de Mazarin qu'elle fit
agréer à un Dauphin des leçons
& des maximes d'une éducation
Royale , & c'eft fous le vôtre ,
Meffieurs, que cette même Sageffe
voudroit faire paffer à la plus longue poftérité le plan d'une éducation digne de l'homme Chrétien ;
qu'elle voudroit raffurer fes parti-
fans, étonner les faux fages , & ré-
tablir l'humanité dans les droits
qu'une licencieufe liberté d'imaginer
ofe lui ravir.

Que votre modeftie fi févere le
cede ici à tant de Vertus qui percent
malgré elle ; qu'elle le cede aux
vœux d'une Nation augufte qui
vous demande ce fceau refpectable fur le patrimoine de fes chers
Enfants : à ces motifs fi puiffants

j'ose ajouter que vous le devez à un Ouvrage qui ne tracera que vos Vertus, qui n'exposera que les vérités que vous méditâtes & pratiquâtes toujours près d'un Monarque vertueux qui vous chérit, & qui sait si bien discerner en vous les qualités éminentes qui vous firent l'œil de son Trône, & l'ame de ses Conseils.

Parlement de Paris.

Que vous êtes chers à nos Nations, & que vous êtes grands à nos yeux dès que vous êtes chers à Louis le Bien-Aimé', qui se plaît à vous voir contribuer à la prospérité de son regne & à l'assurance de notre bonheur ! C'est sur cette grande idée que plus d'un fidele Historien s'apprête de décrire vos travaux assidus, votre zele infatigable & vos soins paternels pour le bien universel du plus vaste Royaume : quand le marbre & le bronze se tairont, vos Justices ne se tairont point, elles sauront redire à la Postérité l'infaillibilité, l'intégrité, la sagesse de vos décisions : *In memoria æterna erit justus.*

Mais où m'emporte mon zele respectueux pour un Corps dont les éloges déjà consacrés dans nos fastes publics & gravés dans les cœurs de chaque sujet François, ne me laissent plus rien à dire.

Je me tais, & je reviens à mes vœux; oui, vous étoufferez la voix d'un Oracle payen qui nous annonce *Horace.* une postérité plus vicieuse.

La nôtre vous tend ses bras augustes, elle vous demande des secours, elle fait même quelques efforts pour se ranger sous la protection d'un Corps qui comme un mur d'airain la défendra contre les traits séduisants d'une nouveauté licencieuse; c'est à vous qu'elle veut s'attacher, ainsi qu'une jeune plante qui s'unit au tronc d'un chêne majestueux sous lequel bravant la tempête, elle croît & porte des fleurs & des fruits jusqu'aux Cieux. Oui, vous la couvrirez cette plante si tendre que la moindre intempérie flétriroit; vous écarterez les poisons qui germent au tour d'elle : & que n'en coûteroit-il pas à vos cœurs paternels toujours ouverts aux besoins de l'humanité pour laisser un instant la Jeunesse sans ces secours avec lesquels se forment les grands Hommes & les cœurs Chrétiens, avec lesquels vous vous êtes formés vous-mêmes ? Il lui fallut toujours un frein qui la modérât, elle ne veut le tenir que de votre choix ; donnez lui donc des guides qui la menent dans la voie fûre. Puisqu'il n'est qu'un chemin vers les véritables fciences, c'est à vous à l'indiquer, à ordonner que l'on le fuive fcrupuleufement : c'est à vous à ôter les embarras que l'on jette fur les routes anciennes de la belle, de la folide éducation ; à éteindre enfin ces lueurs trompeufes que l'on fait briller aux yeux trop foibles d'un âge tendre, qui fourit au preftige & careffe jufqu'à l'ombre de la bagatelle.

Vous avez vu & vous avez gémi fur les fuites funeftes qu'entraîne après elle une doctrine licencieufe, & combien fon efprit ne vous a-t-il pas révolté ? vous avez marqué votre jufte indignation par des traits de feu, & les vents ont porté loin de nous les cendres impures de mille brochures perverfes dont on vouloit infecter le Royaume ; l'Europe même retentit des coups de foudre réiterés dont vous les avez frappées : l'ennemi découvert, chargé d'anathêmes, n'infectera plus que lui-même de son propre poison. Vous êtes allé jusqu'à la précaution plus que humaine de couper les communications du siecle avec l'ennemi, & d'étouffer les échos ultrà-François qui auroient pu redire à nos neveux quelque chose d'une Morale dangereuse, d'une Philosophie altiere, d'un plan de désordres, & de l'histoire honteuse de nos égarements : vous nous rappellez à l'ancienne méthode puisqu'elle fut la vôtre, nous rentrons par-là dans la douce unité d'une Loi, d'un Baptême, d'un Roi, dans les doux avantages d'une Monarchie, dans la précieuse liberté d'une Eglise qui toujours sous un Chef visible nous mene d'un pas assuré dans les voies de la paix & du salut : vous fondez sur la pierre ferme un Royaume qui doit beaucoup à la Religion & auquel la Religion doit infiniment ; vous nous placez nous & notre postérité dans le sein d'un Prince bien-aimé, parce qu'il est le Pere de l'Humanité, parce qu'il est le Fils aîné de l'Eglise, & qu'en cette double qualité il est aussi cher à nos cœurs, qu'il est formidable à ses ennemis, & grand aux yeux de toutes les Nations. Voilà

notre sécurité, notre salut, & n'est-
ce pas là votre ouvrage ?

Il ne seroit plus question mainte-
nant que d'établir des Académies,
où nos jeunes Abeilles, aujourd'hui
fugitives, viendroient se ranger,
chacune dans le lieu qui lui seroit
marqué, comme dans des ruches où
elles travailleroient sous la direction
d'un certain nombre de Chefs jaloux
de leur petit Peuple, & trop payés
du seul intérêt de les contenir, de
les former & de les garantir en même
temps des incursions d'un Frelon
audacieux qui voudroit recueillir où
il n'a pas semé.

Palmaque vestibulum, aut ingens oleaster
obumbret.

Virg. Georg.

Et pour tant de succès il con-
viendroit, que la Loi, lorsque vous
l'aurez portée, s'exécutât sous vos
yeux; je veux dire sous des yeux per-
çants qui vissent par les vôtres, sous
des *Argus* qui veillassent doucement,
mais infatigablement sur les exer-
cices & sur les progrès de ces jeunes
Abeilles; qui se connussent à la qualité du miel qu'elles rapportent, qui
en pesassent la quantité.

. . . . . Hinc cœli tempore certo
Dulcia mella premes : nec tantum dulcia,
        quantum
Et liquida. . . . .

Virg. Georg.

qui examinaſſent ce qu'elles en dé-
penſent & ce qu'elles en réſervent.
Mettons en d'autres auſſi attentifs
à viſiter ſouvent les fleurs dont elles
expriment le ſuc, qui en écartaſſent
les épines rebutantes.

. . . . . Neque oves hœdique petulci
Floribus inſultent. . . . .

Virg.

A prendre garde ſur-tout que les
eaux où elles iront ſe déſaltérer, &
reprendre de nouvelles ardeurs,
ſoient pures. . . . .

Et amicos irriget imbres.
Virg.

A les éloigner de ces ſources boueu-
ſes & infectes d'où elles rappor-
teroient la contagion dans tout
l'eſſaim.

A marquer ſi diſtinctement les poi-
ſons qui naiſſent parmi les plantes
ſalutaires, que nos jeunes Abeilles
ne puſſent s'y méprendre ; qu'ils vous
rendiſſent un compte exact de ce
qu'ils auront vu par eux-mêmes,

B iv

Totiusque ordine gentis
Mores & studia, & populos, & prælia *dicat.*

Virg.

Voilà ce dont s'occupe, & ce que nous promet un Sénat bienfaisant auquel Dieu & nos Rois confient leur autorité pour notre avantage & celui de la postérité.

Oui, Messieurs, ces dignes entreprises ne pourroient qu'échouer, ou que s'exécuter très-imparfaitement, si vous les perdiez de vue un seul instant, & si votre autorité, aussi puissante qu'elle est douce, n'influoit dans les opérations, & n'en nécessitoit les succès. Donnez-nous donc des Hommes qui fassent des Hommes, & des Philosophes Chrétiens.

Di probos mores docili juventæ,
Di Senectutæ placidæ quietem,
Romulæ genti date remque, prolemque
Et decus omne.

Horat.

J'entends vos Oracles. La jeunesse sera élevée ; on a pourvu à tout pour son éducation ; on lui formera l'esprit sans lui gâter le cœur, & son joug sera tel qu'elle s'y soumettra sans peine , sans dégoût, & qu'elle le chérira dans la vieillesse. Vous reverrez dans nos Adolescents cette premiere beauté, cette ancienne vigueur, l'héroïsme qui caractérisoit vos Peres ; ils vous rendront une postérité sage & robuste ; & l'âge d'or renaîtra. Les témoignages authentiques que nous vous avons donnés plusieurs fois de notre zele pour les intérêts de l'humanité, & pour le bien de la Nation, vous sont un gage sacré de la vérité de nos promesses.

Que mon essai seroit heureux s'il pouvoit entrer pour quelque chose dans vos desseins ! Si j'osois écrire en passant que le mot *College* ne sonne pas à l'oreille de la jeunesse, & que celui d'*Académie* plus doux l'effrayeroit moins : d'ailleurs il me semble, qu'il assortiroit mieux au plan magnifique que vous dressez pour son éducation. Un lieu destiné à ramasser l'élite des jeunes Gens sous des Loix douces mais bien observées, des Hommes choisis pour les faire exécuter selon l'esprit & la lettre : Voici tout à la fois, des Télémaque, des Mentor, & cette Académie dont l'idée présente quelque

chose de plus noble & de plus
susceptible de développement.

Des hommes plutôt au dessus,
qu'au dessous de vingt-cinq ans, des
hommes d'une éducation heureuse,
(la Noblesse m'entend) avec des
mœurs douces, des qualités con-
nues, une certaine aisance patrimo-
niale qui défende tout autre intérêt
que celui de se communiquer pour le
bien public, & de servir l'Etat dans ses
membres; des sciences précises, nettes
& réfléchies; des connoissances humaines fondées sur des principes mâ-
les; un talent unique de les rendre
sur un ton dépouillé de la rudesse,
de la barbarie & du pédantisme
scholastique : à ces traits sont mar-
qués nos Maîtres. En restez-vous là ?
Non. Vous donnez à ces Maîtres des
surveillants chargés d'examiner sévé-
rement douze fois l'année les travaux
des Chefs & le progrès des Eleves;
de peser au poids du sentiment &
du goût tout ce qu'ils débiteront,
soit dans le genre de l'invention,
soit dans le genre de l'imitation :
d'exiger que le Maître travaille pour
le Disciple, qu'il goûte le premier
des aliments qu'il lui présente; je veux
dire qu'il soit esclave des principes;

Voilà l'art ébauché de faire avancer l'Etudiant, & le précis des obligations d'un Maître, qui comme je l'ai dit, réussira toujours, s'il ne perd point de vue l'intérêt public qui doit être le sien. S'il en coûte pour instruire la Jeunesse, il est bien doux, il est glorieux de mériter la reconnoissance de la Patrie & les éloges de la Sagesse.

Encore un mot sur les obligations du Disciple, & je finis.

Pour s'assurer des Maîtres tels que je les dépeins, il faut leur donner des Eleves. Comme tout Maître n'est pas fait pour instruire, de même tout Disciple ne l'est pas pour profiter dans les Sciences Académiques; il faut donc un choix assuré sur une vocation libre, sur des dispositions d'âge, de force, de caractère & de moyens, dont le détail seroit trop long. Tout ce que je dis, c'est qu'il est de conséquence que l'Examinateur surveillant soit ici de la plus exacte sévérité, & vis-à-vis du sujet proposé, & vis-à-vis de ceux qui le lui proposent.

Ignavum fucos pecus à præsepibus arcent.
Virg.

Qu'on ne reçoive dans les Académies que des Ecoliers dont une certaine aifance de fortune affurera la fuite des études ; par-là l'on ferme le Temple des Mufes à quantité d'intrus qui viennent le profaner , & qui n'en rapportent qu'une pouffiere contagieufe pour l'Eglife , pour l'Etat & pour la Société.

Voilà le myftere de l'éducation que l'on doit procurer le plutôt qu'il eft poffible à la Jeuneffe

. . . . . . Teneræ nimis
Mentes afperioribus formandæ ftudiis.
Horat.

& pour laquelle s'offriront des Maîtres qui fupérieurs aux vues baffes de l'intérêt , comme à tous autres motifs indignes de leur caractere , ne s'appliqueront , comme je l'ai dit , qu'à regarder dans les jeunes Gens qui leur feront confiés , foit pour une éducation particuliere , foit pour une éducation publique , des Hommes deftinés à tenir un jour un rang dans l'Etat ; & qui n'auront rien de plus à cœur que de les former pour l'Humanité & pour la Religion : tel eft le grand art de faire des Hommes , des Savants & des Philofophes Chrétiens.

L'AUTEUR DE CE PRÉCIS

*annonçant une éducation pour le cœur &
pour l'esprit d'un jeune homme déjà instruit des premiers devoirs de sa Religion,
a cru devoir présenter un morceau de la
Morale qu'il distribue en vingt-quatre Leçons assez courtes pour ne point fatiguer
son Eleve. Voici la premiere dans laquelle
il prend le ton d'un Pere, qui prêt à quitter
la vie, instruit son Fils sur la maniere de
débuter dans le monde & de se préserver
de l'air contagieux que l'on y respire.*

I. LEÇON.

Recedite de medio Babilonis. Ier.

VENEZ recueillir, mon Fils, le dernier soupir
du Pere le plus tendre, votre piété pour moi
m'a donné les plus beaux & les plus longs jours,
je descends avec joie dans le tombeau ; mais je
ne mourrai pas, mon Fils, que je ne vous ai donné
cette bénédiction à laquelle le Seigneur promet la
sienne. Que des années pleines de vie & de vertus
vous conduisent à mon âge. Vivez, vivez long-
temps de cette santé florissante que donne la sagesse, & rendez à une postérité la plus nombreuse
les douceurs d'une vie saine & tranquille. Que la
Gloire pose son trône sur votre front, que toutes
les Vertus en cercle autour de vous défendent votre
cœur contre le vice & ses attraits. Que les poisons
séchent sous vos pas ; que la bonne odeur de la
Sagesse vous suive par-tout & annonce en vous
un Enfant de bénédiction, & que votre ame au

moment de la mort foit un fruit mûr pour le
Ciel.

> Je vous attends, mon Fils, dans le fein de la gloire,
> Où j'efpere jouir du suprême & feul bien.
> Si vous favez combattre en Héros, en Chrétien,
> Je vous promets un Dieu pour prix de la Victoire.

Vous entrez dans un monde que j'ai étudié, &
que je connois ; je le quitte fans regret dans l'efpoir
que vous me remplacerez auprès de lui. J'y avois
des obligations envers Dieu, envers les Hommes,
& à l'égard de moi-même, j'y ai fatisfait autant
qu'il a dépendu de moi ; vous êtes un fecond moi-
même, mes devoirs vous deviennent perfonnels,
je vous les détaillerai & je vous charge de les
remplir.

Sachez avant tout, que le monde dans lequel
vous êtes fur le point d'entrer eft plein de dan-
gers inféparables de l'état auquel la Providence fem-
ble vous deftiner ; je vous y ai préparé de loin ;
mais peut-on compter fur un Pilote qui n'a point
connu la mer ? Que fait celui qui n'a point été
tenté, je tremble pour vous : fi j'ofois me raffurer
ce ne feroit que fur l'innocence dans laquelle je
vous laiffe ; mais lorfqu'il fera queftion d'en faire
preuve devant un Tribunal mondain qui en rejettera
les titres, ou qui ne les recevra que pour les flétrir,
je ne vous le déguife plus, mon fils, tout ce qui
me flattoit, s'évanouit. Je conjure le Ciel de vous
guider pour ce premier pas, & de ne point vous
laiffer à vous-même qu'il ne vous ait mené par la
main au terme où je vous defire.

Je defcends dans le tombeau, je vais en paix ;
& je vous laiffe dans la guerre, à la merci,
des paffions, qui comme autant de furies fe difpu-
tent déjà l'entrée de votre cœur. J'entends la Vo-
lupté qui demande les prémices de votre adolef-
cence ; lui réfifterez vous dans un âge tendre, foible,
& fans expérience, dans un âge ouvert de tout

côté à ſes careſſes ? Quel âge pour ſe défendre du preſtige & de l'erreur ! O jeuneſſe cruelle ! ô trop fatale portion de la vie, n'eſt-tu pas pour l'ordinaire la plus honteuſe époque de nos crimes & de nos malheurs ? Que ne puis-je vous rendre quelques années de ma longue vieilleſſe, ou plutôt que n'avez-vous l'aile rapide de la Colombe pour voler au-delà des écueils qui vous menacent.

> Si vous voulez jouir d'une heureuſe vieilleſſe,
> Filez-en les beaux jours dés-la tendre jeuneſſe.

Je touche à l'éternité, & vous êtes dans le temps orageux qui vous y précipite, hâtons-nous de diſſiper ces nuages épais qui vous dérobent le port auquel vous devez atteindre. Ce n'eſt plus le moment de ſourire à vos foibleſſes, vous êtes aſſez fort pour ſoutenir le ton de la vérité.

Si elle étonne votre amour propre, ſi elle vous frappe, elle vous humiliera, & les amertumes de ſon Calice vous ſeront mille fois plus ſalutaires que le miel empoiſonné de la coupe voluptueuſe de laquelle s'enivre Babylone.

Oui, déchirons ces fleurs qui voilent le cruel appareil de votre ſacrifice ; voyez le bras perfide qui devoit vous immoler ; démêlez les pieges d'un ennemi artificieux qui ne cherche à être votre eſclave que pour devenir votre tyran.

Vous êtes né pour la Société ; par votre heureux naturel ; votre éducation, par vos talents vous pourrez en faire les délices ; mais que ces avantages ſi précieux aux yeux du mondain, ſont foibles aux miens ! & qu'ils vous ſeront pernicieux s'ils ne ſont ſoutenus du ſolide éclat des Vertus Chrétiennes, ſans leſquelles, fuſſiez-vous le chef-d'œuvre des Hommes, vous n'êtes qu'un monſtre au ſentiment du Sage, & un bois aride devant Dieu.

Le Monde eſt une ſociété de bons & de méchants ; le Soleil de bonté & de juſtice qui luit ſur tous, vous éclairera dans le choix que vous devez faire des Hommes. La vérité éternelle vous apprendra que depuis le péché l'Homme est si contagieux à l'Homme, que malgré les avantages de la Société il y a toujours plus à perdre pour lui qu'à gagner dans les liaisons qu'il forme avec ses semblables ; s'il se lie avec les jeunes gens, il court en fougueux à l'école de l'étourderie & du libertinage : s'il s'associe avec les riches, il se tire du sage milieu qui est entre l'avarice & la prodigalité, & il suit le torrent des passions bruyantes : s'il voit les grands, il devient le jouet des vanités & des grandes vanités : s'il fréquente les Femmes, il se livre aux regrets, à la honte, & marche vers le précipice par le chemin le plus court & le plus assuré.

> Ce Sexe contre nous auroit de foibles armes,
> Si nos yeux ne prêtoient du réel à ses charmes.

Il faudroit un ami, je le sais, un cœur qui sût aimer dans tous les temps constamment, un Mentor prudent, pieux, édifiant, capable de vous reprendre, de vous consoler, de vous aider de ses biens & de ses conseils, quel lot précieux pour le temps & pour l'Eternité ! mais qu'on me dise où il est, quelle terre fortunée il habite ? Je ne le trouve que dans les songes ou dans la fable.

> Pour trouver ce trésor, parcours la terre & l'onde,
> Un ami véritable, en est-il en ce monde ?

Je n'en sais qu'un qui mérite cette auguste qualité, & chacun peut le trouver, cherchez-le, mon Fils, desirez-le, il n'est pas loin de vous, si votre cœur est pur, si votre conscience est droite, Dieu y est, & c'est le plus tendre de tous les amis. C'est là qu'est sa voix fidelle toujours prête à vous parler, à vous instruire, à vous soulager dans vos besoins, à vous éclairer dans vos doutes, à vous donner des réponses de salut, & à vous procurer la paix au milieu du tumulte du monde. Que vous serez heureux si vous lui êtes fidele en tout & par-

tout ! J'aime mieux que vous ne foyez que cendre
& pouffiere auprès de lui, que d'être grand & fu-
perbe dans le monde ; j'aime mieux que vous gé-
miffiez dans fon fein, que de vous fentir dans les
joies & les délices avec le monde ; ah ! plutôt
manquez de tout, à ce moment expirez au pied de
fa Croix, qne de poffédre fans lui les richeffes &
les trônes de la terre.

Vous ferez bien plus tranquille dans un cœur où
habitera le Dieu de la paix, que dans un monde
turbulent qui fe plait dans le défordre des paffions ;
vous y ferez plus en fûreté que dans des cercles
qui ne fe foutiennent qu'aux frais de la Pudeur, de
la Charité & de la Philofophie Chrétienne, que
dans ces compagnies où regne un vuide affreux que
l'on cherche à remplir de vains plaifirs, de fortu-
nes, de projets bizarres, d'efpérances chimériques,
de faux raifonnements, de vues de politique,
d'intérêt & de frivolités.

Je l'ai fenti ce vuide affreux, & mille fois j'ai
gémi dans le fecret d'être dans la néceffité de me
prêter à des affemblées defquelles je rapportois des
oreilles moins modeftes, un efprit moins préfent,
un intérieur moins fatisfait, un cœur inquiet dont
les agitations me faifoient affez fentir que mon Dieu
ne s'y étoit point trouvé pour me parler.

Que Dieu vous parle, mon Fils, qu'il vous dife
qu'il eft votre falut, vous éprouverez des raviffe-
ments ; mais afin d'être digne de l'entendre, de-
mandez lui la fidelité à fes ordres, que déformais
vous n'écoutiez, vous ne confultiez que lui dans
vos penfées, dans vos paroles & dans vos actions.
Ouvrez à la femence de fa parole un cœur dans
lequel elle puiffe germer ; humiliez-vous pour qu'il
defcende jufqu'à vous, qu'il vous touche, qu'il
vous perfuade ; & dans vos eniretiens auprès de
ce Souverain Maître, n'ambitionnez de devenir plus
éclairé que pour devenir plus parfait en fageffe, &
croyez que vous n'aurez rien appris à fon école fi

vous ne savez le préférer à tout, & n'aimer rien que par rapport à lui.

Je vous quitte, mon Fils, je ferme enfin les yeux aux vanités ; mon pacte avec eux est rompu : ils ne verront plus que la terre, où toutes les vanités du siecle vont aboutir. Baisez pour la derniere fois cette main qui ne m'a point scandalisé, & pour un gage éternel de ma tendresse pour vous, recevez de cette même main les préceptes éternels que j'ai médités tous les jours de ma vie ; c'est le patrimoine sacré que j'ai reçu de mes Peres, & que je vous transmets : ne les négligez point, c'est la vie de votre ame, c'est votre salut.

Je meurs, mon Fils, recevez mon cœur, placez-le aux pieds de celui qui les tient tous en ses mains ; souvenez-vous que je ne quitte qu'une enveloppe grossiere pour voir mon Dieu & vivre d'une vie éternelle qui vous est destinée si vous m'imitez. Ayez soin de ma sépulture ; jettez quelques larmes sur mes cendres, elles se ranimeront pour vous redire que j'y suis sensible. Si quelqu'un, sur-tout l'indigent ou le malheureux, s'apperçoit de ma mort, servez lui de Pere, & montrez par-là que vous êtes mon Fils.

APPROBATION.

J'AI lu un Ouvrage intitulé *l'Anti-Emile*, *ou Précis simple d'une éducation solide* : & je n'y ai rien trouvé qui soit contraire à la Foi & aux bonnes Mœurs. A Lyon, ce 2 Septembre 1762.

BOLLIOUD-MERMET.

PERMISSION.

VU l'Approbation. Permis d'Imprimer. A Lyon, le 2 Septembre 1762.

DELAFFRASSE.